Hoor की Pari...

Hoor की Pari

Gen X Kavi

PAPER TOWNS
PUBLISHERS

PAPER TOWNS
PUBLISHERS

First published by
Papertowns Publishers
72, Vishwanath Dham Colony,
Niwaru Road, Jhotwara,
Jaipur, 302012

Hoor की Pari

ISBN Print Book - 978-93-91228-28-6

Illustrations Design by Tanvi Kohli
Book Design by Anu Sidana

"अखिलेश की कविताओं में आज का समय, बेचैनी और उम्मीद है। इन कविताओं को पढ़ा भी जाना चाहिए और सुना भी जाना चाहिए।"

– दिव्य प्रकाश दुबे

(लेखक : अक्टूबर जंक्शन, मुसाफिर Cafe)

'हूर की परी' अखिलेश की पहली किताब है लेकिन मुझे इसको पढ़कर लगा कि यह एक मँझे हुए कलाकार की कविताएँ हैं। यह किताब बहुत हटकर है। यह आम कविताओं की किताब की तरह तो बिलकुल नहीं है। यह इन्हीं की तरह जोश लिए हुए है। हर कविताएँ कहानियों की तरह चलती है और सबसे अहम बात जिस तरह नई वाली हिंदी के लेखक आ रहे हैं उसी तरह हिंदी में आने वाले समय में यह नई वाली हिंदी के कवि के रूप में जाने जाएँगे। इन्हें सुनने और पढ़ने के बाद ये मेरी पसंदीदा लिस्ट में सबसे ऊपर आ गए हैं। शुभकामनाएँ यूँ ही लिखते रहें।

– योगिता वार्डे

(लेखिका : साही '&' सुधीर, दिया)

Acknowledgement

To start with, I would like to thank my parents, Dr. M. P Mishra and Mamta Mishra, for letting me chase my dreams, for having faith in me. My Family: Archana, Arti, Sandhya, Pooja, Abhishek, Vivek, Vibhuti for supporting me throughout.

And not to forget about my second family, mere 'K.V ke yaar', my school friends: Kunal, Neel, Sagar, Rohit, Atharva, Prajwalit, thank you for always having my back.

To the ones I discuss my art with, Thank you Rehan Raza, Hrithik Rai, Ram Pratap, Nidhi Kaushik, Dolly Badlani.

To everyone who contributed to this book some way or the other. Thank you Susmita Kulkarni, Shweta Thakare, Harpreet Kaur for the initial review and frank opinions on the book. Thank you, Tanvi Kohli for the amazing artwork in this book.

Last but not the least, Thank You, everyone with whom I connected on Social Media or offline, for being there, supporting me and believing in me, you guys are awesome.

कुछ ज़िन्दगी का सच, कुछ यादें,

कुछ आपकी कुछ मेरी बातें...

Table of Contents

1. Pehli Mulaqaat

Ye us kahani ki shuruwaat hai,
Jisme shayad na heer ranjha si baat hai,
Bas ek seedha sa ladka, aur ek pyari si ladki,
2012 mein, ye unki pehli mulaqaat hai,

Umar to waise padhai karne ki thi,
Kitabein ratt panne bharne ki thi,
Par mere mann mein baat kuch alag chali,
Jaise ishq ki khumari parwaan chadne ko thi,

Ab kitaabon ko chhod,
aankhon k samundar mein gote lag rahe the,
Bas wo hi thi ab har jagah,
aur sare arman ab sote lag rahe the,
Mano ek arsa nikal jata tha raat se din hone mein,
Aur class k wo lectures ab chote lag rahe the,

१. पहली मुलाक़ात

ये उस कहानी की शुरुआत है
जिसमें ना हीर रांझा सी बात है
बस एक सीधा सा लड़का और एक प्यारी सी लड़की
दो हज़ार बारह में ये उनकी पहली मुलाक़ात है

उम्र तो वैसे पढ़ाई करने की थी
किताबें रट पन्ने भरने की थी
पर मेरे मन में बात कुछ अलग चली
जैसे इश्क़ की खुमारी परवान चढ़ने को थी

अब किताबों को छोड़
आंखों के समंदर में गोते लग रहे थे
बस वही थी अब हर जगह
और सारे अरमान सोते लग रहे थे
मानो एक अरसा निकल जाता था रात से दिन होने में
और क्लास के वो लेक्चर जब छोटे लग रहे थे

Par usse baat karne ki himmat ab tak hui na thi,
Aesi besabri kisi se milne k liye bhi ab tak hui na thi,
Use dekh dil ka speedometer aese bhagta tha,
Ki phir usme dikhti koi sui na thi,

Aankhein chura use dekhna, ek aadat ban gayi,
Kal talaq anjaan thi aaj ibadat ban gai,
Us ore to dosti ka phool bhi na khila tha,
Yaha bargad si vishal chahat ban gayi,

Ehsaas hua ki zindagi k 17 saal barbaad ho gaye,
Mohabbat is lafz k naye matlab ijaad* ho gaye,
Aur abhi to is kahani ki bas shuruwaat hui thi,
Ek anjaan se, nai nai mulaqaat hui thi...

-x-x-x-

* ijaad – Avishkaar / Kisi nai cheez ka banana

पर उससे बात करने की हिम्मत अब तक हुई ना थी
ऐसी बेसब्री किसी से मिलने की भी अब तक हुई ना थी
उसे देख दिल का स्पीडोमीटर ऐसे भागता था
कि फिर उसमें दिखती कोई सुई ना थी

आँखें चुरा उसे देखना एक आदत बन गई
कल तलक़ अनजान थी आज इबादत बन गई
उस ओर तो दोस्ती का फूल भी ना खिला था
यहाँ बरगद सी विशाल चाहत बन गई

एहसास हुआ कि ज़िन्दगी के 17 साल बर्बाद हो गए
मोहब्बत इस लफ़्ज़ के नए मतलब ईजाद* हो गए
पर अभी तो इस कहानी की बस शुरुआत हुई थी
एक अनजान से नई-नई मुलाक़ात हुई थी

-x-x-x-

* ईजाद – अविष्कार / किसी नई चीज़ का बनाना

2. Ishq

Use jaan kar bhi na jaan pana, ek saza ho raha tha,
Uski khoobsurati ki tulna, jaise mujhse gunaah ho raha tha,
Ab to ishq kitabon mein behne laga tha,
Aur main samjh bhi na paya ye kya ho raha tha,

Kuch hulchal to hui thi, ab baatein badal rahi thi,
Wo dikhte hi subha, aur jate hi shame dhal rahi thi,
Dosti ka hath badha liya, Par baat aage kaise badhe,
Bas isi kashmakash mein zindagi chal rahi thi,

Wo baat baat par uska hasna,
Wo bin baat taane kasna,
Mehngi wali kahani nahi,
Humare liye to hangout matlab Rasna,

२. इश्क़

उसे जान कर भी ना जान पाना एक सज़ा हो रहा था

उसकी खूबसूरती की तुलना मुझसे कोई गुनाह हो रहा था
अब तो इश्क़ किताबों में बहने लगा था
और मैं समझ भी ना पाया ये क्या हो रहा था

कुछ हलचल तो हुई थी अब बातें बदल रही थी
वो दिखते ही सुबह और जाते ही शाम ढल रही थी
दोस्ती का हाथ बढ़ा लिया पर बात आगे कैसे बढ़े
बस इसी कशमकश में अब ज़िन्दगी चल रही थी

वो बात-बात पर उसका हंसना
वो बिन बात ताने कसना
महंगी वाली कहानी नहीं
हमारे लिए तो हैंग-आउट मतलब रसना

Class k baad paidal ghar jana,
Raste mein ladna aur phir facebook par manana,
Aaj kal wale ishq mein wo baat nahi,
Ishq wala to wo apna tha zamana,

Maa ka phone milne par miss calls the,
1 ring matlab message, 2 ring matlab call the,
Aur kabhi main saheli ban jata,
Jab baat karte karte wo nikalti hall se,

Mulakatein ab badhne lagi, jaise use bhi aadat ho rahi thi,
Ishq shayad us or dastak dega, aesi aahat ho rahi thi,
Waise to maanta nahi tha main itna,
Par kahi kisi ki nazar na lag jaye, ghabrahat ho rahi thi,

Zindagi mein usne roshni kuch yun bhari thi,
Insaan to nahi thi wo, wo pakka pari thi,
Par, itna aam shabd us khaas ki tauheen thi,
Bas is liye wo meri ' Hoor ki Pari ' thi...

-x-x-x-

क्लास के बाद पैदल घर जाना
रास्ते में लड़ना और फिर फेसबुक पर मनाना
आजकल वाले इश्क़ में वो बात नहीं
इश्क़ वाला तो वो अपना था ज़माना

मां का फोन मिलने पर मिस-कॉल थे
एक मतलब मैसेज दो रिंग मतलब कॉल थे
और कभी मैं सहेली बन जाता
जब वो बात करते-करते निकलती हॉल से

मुलाक़ातें अब बढ़ने लगी जैसे उसे भी आदत हो रही थी
इश्क़ शायद उस ओर दस्तक देगा ऐसी आहट हो रही थी
वैसे तो मानता नहीं था मैं इतना
पर कहीं किसी की नज़र ना लग जाए घबराहट हो रही थी

ज़िन्दगी में उसने रोशनी कुछ यूँ भरी थी
इंसान तो नहीं थी वो पक्का परी थी
पर इतना आम शब्द उस खास की तौहीन थी
बस इसीलिए वो मेरी हूर की परी थी

-x-x-x-

3. Raqeeb

Ek saal se jo soi thi taqdeer meri,
Mujhe laga ab wo jag chuki thi,
Par ye kahani abhi shuru bhi na hui,
Aur ise kisi ki nazar lag chuki thi,

Dooriyan bas badhti hi rahi,
Aur main chatpata raha tha unhe kam karne k liye,
Mano sach ka zeher usne haatho mein thama diya ho,
Aur main bol bhi na paya pyala kam bharne k liye,

Kash tum samajh pati, qeemti the wo lamhe mere liye,
Jab tum pehli baar meri baaton pe hasi thi,
Madhosh ho gaya tha main us waqt,
Jaise pyar k fande ne mujh par koi dor kasi thi,

३. रक़ीब

एक साल से जो सोई थी तक़दीर मेरी
मुझे लगा अब जग चुकी थी
पर ये कहानी अभी शुरू भी ना हुई
और इसे किसी की नज़र लग चुकी थी

दूरियाँ बस बढ़ती ही रही
और मैं छटपटा रहा था उसे कम करने के लिए
मानो सच का ज़हर उसने हाथों में थमा दिया हो
और मैं बोल भी ना पाया प्याला कम भरने के लिए

काश तुम समझ पाती कीमती थे वो लम्हे मेरे लिए
जब पहली बार तुम मेरी बातों पर हंसी थी
मदहोश हो गया था मैं उस वक्त
जैसे प्यार के फन्दे ने मुझ पर कोई डोर कसी थी

Wo sirf ek khat na tha,
Jisme main ne apne sare armaan bayan kiye the,
Wo sirf chand panktiya na thi,
Jiske har shabd main ne tumhari tareef mein siye the,

Anmol tha wo har ek lamha,
Jo Main ne tumhare sath bitaya tha,
Sath nahi chhodna chahta tha kabhi,
Jaise main tumhara saya tha,

Par qismat ka khel bhi dekho,
Jisse na kabhi insaan ladta hai,
Aur phir andhere mein to,
Saye ko bhi sath chhodna padta hai,

Aur yunhi chali gai thi tum,
Beech raste mein dil mera tod k,
Khada tha main phir bhi wahi,
Jaha se gai thi tum tanha chhod k,

वो सिर्फ एक ख़त ना था
जिसमें मैंने अपने सारे अरमान बयां किए थे
वो सिर्फ चन्द पंक्तियां ना थी
जिसके हर शब्द मैंने तुम्हारी तारीफ़ में दिए थे

अनमोल था वो हर एक लम्हा
जो मैंने तुम्हारे साथ बिताया था
साथ ना छोड़ना चाहता था तुम्हारा
जैसे मैं तुम्हारा साया था

पर किस्मत का खेल भी तो देखो
जिससे ना कभी इंसान लड़ता है
और अंधेरे में तो
साये को भी साथ छोड़ना पड़ता है

यूं ही चली गई थी तुम
बीच रास्ते में दिल मेरा तोड़ के
खड़ा था मैं फिर भी वहीं
जहां से गई थी तुम तन्हा छोड़ के

Na chalna tha sath zindagi bhar,
To itni door bhi na lati,
Kaise bataon apne dil ki baat,
Kash... Kash tum samjh pati,

Raqeeb* se kareeb jo tum hui,
Aesa laga zamana us din matlabi hua tha,
Wo bhola ladka, bheed mein kahi ghum,
Aur sahi mayno mein paida tab wo kavi hua tha...

-x-x-x-

* Raqeeb – Premika ka dusra premi

ना चलना था साथ ज़िन्दगी भर
तो इतना दूर भी ना लाती
कैसे बताऊं अपने दिल की बात
काश, काश तुम समझ पाती

रक़ीब* से क़रीब जो तुम हुई
ऐसा लगा ज़माना उस दिन मतलबी हुआ था
वो भोला लड़का भीड़ में कहीं गुम
और सही मायनों में पैदा तब वो कवि हुआ था

-x-x-x-

* रक़ीब - प्रेमिका का दूसरा प्रेमी

4. Takraar

Dosti ki jadd mein deemag lag gai,
Khokhla ab wo ped ho chuka tha,
Jo dosti ki athanni ban kar aaya tha,
Shana ab wo dedh ho chuka tha,

Ab aur deri nahi kar sakta tha,
Use khone ka lag raha tha dar,
To socha us zamane k har ladke ki tarah,
Main bhi kahunga use sab, facebook par,

Izhaar-e-ishq bhi kiya, aur likha,
" Tum bolo, main pyaar jatane k liye kya kar du "
Dhakka laga padh kar ki
" Tum jaise sau hai,
To kya main sab ko ha kar du? "

४. तकरार

दोस्ती की जड़ में दीमक लग गई
खोखला अब वो पेड़ हो चुका था
जो दोस्ती की अठन्नी बन कर आया था
श्याना अब वो डेढ़ हो चुका था

अब और देरी नहीं कर सकता था
उसे खोने का लग रहा था डर
तो सोचा उस ज़माने के हर लड़के की तरह
मैं भी कहूंगा उसे सब फेसबुक पर

इज़हार-ए-इश्क़ भी किया और लिखा
"तुम बोलो मैं प्यार जताने के लिए क्या कर दूँ"
धक्का लगा पढ़कर की "तुम जैसे सौ है
तो क्या मैं सबको हां कर दूँ?"

Ha mere nazron k samne,
Mere jazbato ka janaza uth raha tha,
Usne to ek baar koshish bhi na ki,
Main halaton k aage bas jhuk raha tha,

Main to is vehem mein tha,
Ki is banjare ko jo thukra de,
shayad tum wo basti nahi thi,
Par dhakka laga tha jab ehsaas hua,
Ki tum to mujhe samajhti nahi thi,

Acha waise kya nahi samajhti thi,
Kis cheez ki main baat kar raha tha,
Jo raah kabhi li hi nahi humne,
Us par kyu waqt zaya kar raha tha?

Khair main ye bata bhi na saka
Aur facebook par humare beech ab ek 'Block' ki deewar thi,
Aur yaha se wo kuch saal shuru hue,
Jinme pari aur kavi ki baat na hui aur unme takraar thi...

-x-x-x-

हां मेरे नज़रों के सामने
मेरे जज़्बातों का जनाज़ा उठ रहा था
उसने तो एक बार कोशिश भी नहीं की
मैं हालातों के आगे बस झुक रहा था

मैं तो इस वहम में था
कि इस बंजारे को जो ठुकरा दे
शायद ये वो बस्ती नहीं थी
पर धक्का लगा था जब एहसास हुआ
कि ये तो समझती ही नहीं थी

अच्छा वैसे क्या नहीं समझती थी
किस चीज की बात मैं कर रहा था
जो राह हमने कभी ली ही नहीं
उस पर क्यों वक्त ज़ाया कर रहा था

खैर मैं ये बता भी ना सका
और फेसबुक पर हमारे बीच एक 'ब्लॉक' की दीवार थी
और यहां से कुछ साल शुरू हुए
जिसमें परी और कवि की बात ना हुई और उनमें तकरार थी

-x-x-x-

5. *Yaar*

Galat fehmi thi mujhe,
Ki main bhi uska pyaar tha,
Mere haathon se wo ret ki tarah fisal gai,
Main faqat* uska yaar tha,

Din, mahine, saal chale gaye,
Roz aaye uske khayal chale gaye,
Mann mein to toofan uth ta roz tha,
Aur roz aaye kuch sawal, chale gaye,

Zindagi badhi, main college aaya,
Par akelapan ek ibadat ban gaya,
Facebook ka wo band darwaza jo tha,
Kabhi kabhar khat-khatana ek aadat ban gaya,

* faqat - Sirf

५. यार

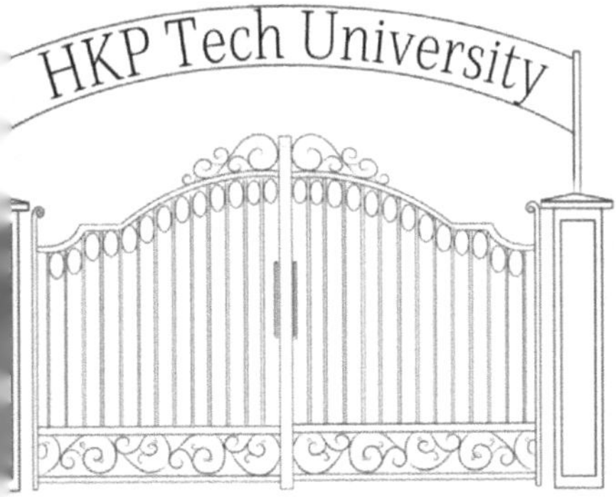

ग़लतफ़हमी थी मुझे
कि मैं उसका प्यार था
हाथों से वो रेत की तरह फिसल गई
मैं फक़त उसका यार था

दिन महीने साल चले गए
रोज़ आए उसके ख़्याल चले गए
मन में तो तूफ़ान उठता रोज़ था
और रोज़ आए कुछ सवाल चले गए

ज़िन्दगी बढ़ी मैं कॉलेज आया
पर अकेलापन एक इबादत बन गई
फेसबुक का वो बंद दरवाजा जो था
कभी कभार खटखटाना एक आदत बन गई

* फक़त - सिर्फ

Phir dafan kar dia tha,
Un jazbaaton ko jo use dekh umadte the,
Jin chakkar mein hum khate, pite na padhte the,
Dafan kar dia tha unhe,

Par har aaine, har chehre mein,
Nazar to bas uska hi chehra aata tha,
Nafrat k kale se uski yaadein rangi,
Pyaar k laal mein nazar uska naam gehra aata tha,

Aur phir wo ishq ki kalam kuch aesa likh gai,
Jisne hume mashhoor kar diya,
'Kuch to baat thi usme',
Jo itni mohabbat karne k liye majboor kar diya,

Aur ek din achanak se,
Na jane kaise wo darwaza khul gaya,
Iski to umeed hi na thi,
Main jaise pura vanvaas bhool gaya,

फिर दफ़न कर दिया था
उन जज़्बातों को जो उसे देख उमड़ते थे
जिन चक्कर में हम खाते-पीते ना पढ़ते थे
दफ़न कर दिया था उन्हें

पर हर आईने, हर चेहरे में नज़र
तो बस उसका ही चेहरा आता था
नफ़रत के काले से उसकी यादें रंगी
प्यार के लाल में नज़र उसका नाम गहरा आता था

और फिर वो इश्क़ की कलम कुछ ऐसा लिख गई
जिसने हमें मशहूर कर दिया
'कुछ तो बात थी उसमें'
जो इतनी मोहब्बत करने के लिए मजबूर कर दिया

और एक दिन अचानक से
न जाने कैसे वो दरवाजा खुल गया
इसकी तो उम्मीद ही ना थी
मैं जैसे पूरा वनवास भूल गया

Haaa, vanvaas hi to tha,
Wahi to meri gully, koocha, sheher thi,
Uske bagair is cement k jungle mein tanha bhatka tha,
Wohi to meri khushiyon ki leher thi,

Aur wo jazbaaton ka shamshaan, us mein ek hulchal si hui,
Jaise wapas wahi ja kar atki ho waqt ki sui,
Jab pehli baar dekh unhe, ye dil dag magaya tha,
Aur phir se jag uthe wo jazbaat,
kyuki unhe zinda jo dafnaya tha...

-x-x-x-

हां वनवास ही तो था
वही तो मेरी गली कूचा शहर थी
उसके बगैर इस सीमेंट के जंगल में तन्हा भटकता था
वही तो मेरी ख़ुशियों की लहर थी

और वो जज़्बातों का श्मशान उसमें एक हलचल सी हुई
जैसे फिर वापस लाकर रख दी हो वक्त ने अपनी सुई
जब पहली बार देख उन्हें ये दिल डगमगाया था
और फिर से जाग उठे वो जज़्बात
क्योंकि उन्हें ज़िन्दा जो दफ़नाया था

-x-x-x-

6. Dastaan-e-Dil

Saalon pehele wo aese kyu chali gai,
Ye sawal ab uske lautne par aur sata raha tha,
Aur shayad use bhi batana tha kuch,
Kuch tha, jo use andar se kha raha tha,

" Suno, naye college mein naye dost bane,
Aur unme se ek ban gaya tha mera khaas,
Use humari dosti pasand nahi aa rahi thi,
Aur tumhare hone se wo ho raha tha udaas,

Main ne samjhaya tha use ki hum bas dost hai,
Aur yehi is rishte ka hai saar ",
Par usne kiya tha block tumhe bol kar,
" Ya to wo kavi, ya mera pyaar, "

६. दास्तान-ए-दिल

सालों पहले वो ऐसे क्यों चली गई
ये सवाल अब उसके लौटने पर और सता रहा था
और शायद उसे भी बताना था कुछ
कुछ था जो उसे अंदर से खा रहा था

" सुनो, नए कॉलेज में नए दोस्त बने
और उसमें से एक बन गया था मेरा खास
उसे हमारी दोस्ती पसंद नहीं आ रही थी
और तुम्हारे होने से वो हो रहा था उदास

मैंने समझाया था उसे कि हम बस दोस्त हैं
और यही उस रिश्ते का है सार"
पर उसने किया था ब्लॉक तुम्हें ये बोलकर
"या तो वो कवि या मेरा प्यार"

Uski baatein jaise-jaise dil par lagi,
Zindagi mein jaise phir se ghul gaya shehad tha,
Par samajh na aaya, ki sahi raste par chala hu,
Ya main uske pyaar mein andha behad tha,

Par kuch mayus rehne lagi thi wo,
Jo meri zindagi ki noor thi,
Mano uske par kaat diye ho kisine,
Ab na rahi wo pari meri hoor ki,

Khair waqt aur zindagi,
Tezi se badhte ja rahe the,
Wo kisi aur ki yaadon mein gum thi,
Aur hum ab bhi unpar marte ja rahe the,

Galti na uski na galti meri thi,
Bas humare irade alag the,
Jo mujhe humesha se chahiye the,
Wo kasme waade alag the,

उसकी बातें जैसे-जैसे दिल पर लगी
ज़िन्दगी में जैसे फिर से घुल गया शहद था
पर समझ ना आया कि सही रास्ते पर चला हूं
या मैं उसके प्यार में अंधा बेहद था

पर कुछ मायूस रहने लगी थी वो
जो मेरी ज़िन्दगी की नूर थी
मानो उसके पर काट दिए हो किसी ने
अब नहीं रही वो परी मेरी हूर की

खैर वक्त और ज़िन्दगी
तेजी से बढ़ते जा रहे थे
वो किसी और की यादों में गुम थी
और हम अब भी उन पर मरते जा रहे थे

गलती ना उसकी ना गलती मेरी थी
बस हमारे इरादे अलग थे
जो मुझे हमेशा से चाहिए थे
वो कसमे वादे अलग थे

Zindagi ne phir karwat li,
Wo phir ek baar mil kar bichaad gai,
Naukri alag shehron mein thi humari,
Qismat phir ek baar judai ka tamacha jad gai...

-x-x-x-

ज़िन्दगी ने फिर करवट ली
वो फिर एक बार मिल कर बिछड़ गई
नौकरी अलग शहरों में थी हमारी
किस्मत फिर एक बार जुदाई का तमाचा जड़ गई

-x-x-x-

7. Khwaab

Sheher alag ho chuke the,
Par baatein wohi hone lagi thi,
Jin raaton mein neend se lad jate the pehele,
Ab raatein wohi hone lagi thi,

" Yaad hai ye ", " Yaad hai wo "
Ab din bhar bas yehi hota tha,
Kaam se pehele usse baat hoti thi,
Aur raat ko usse hi baat kar k sota tha,

Wo yaadon k bagiche mein naya phul khila,
Jo bagicha main ya tum se nahi, hum se bana tha,
Par mere andar ka kavi kahi beth aakhri saans bhar raha tha,
Shayad wo kavi sirf judai k gum se bana tha,

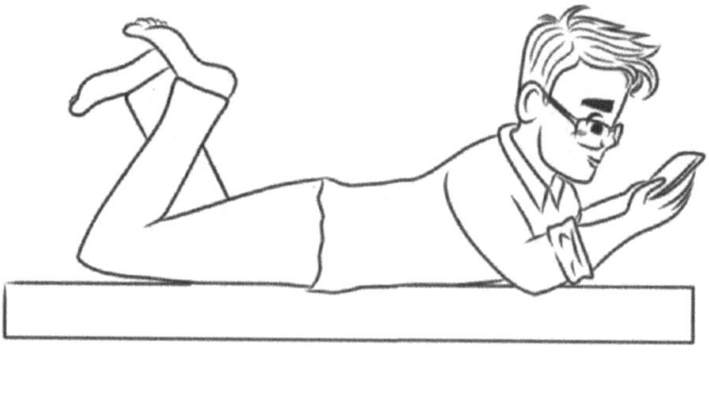

७. ख़्वाब

शहर अलग हो चुके थे
पर बातें वही होने लगी थी
जिन रातों में नींद से लड़ जाते थे पहले
अब राते वही होने लगी थी

"याद है ये" "याद है वो"
अब दिन भर बस यही होता था
काम से पहले उससे बात होती थी
और रात को उससे ही बात करके सोता था

वो यादों के बगीचे में नया फूल खिला
जो बगीचा मैं या तुम से नहीं हम से बना था
पर मेरे अंदर का कवि कहीं बैठा आखिरी सांस भर रहा था
शायद वो कवि सिर्फ जुदाई के गम से बना था

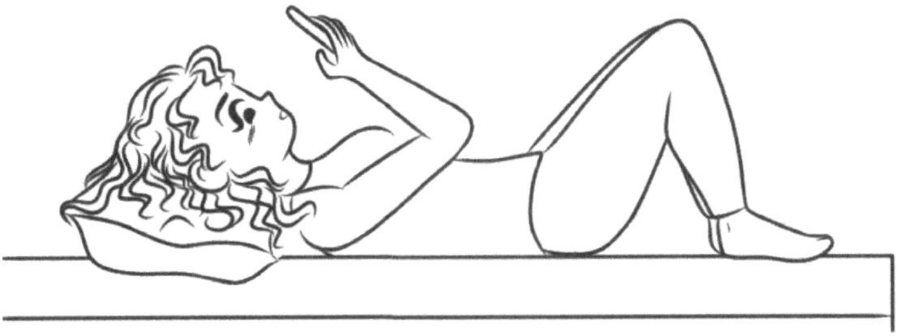

Itne kareeb hokar bhi itni door kyu thi?
Andhere mein wo hi akeli noor kyu thi?
Aesa lagta hai ki kahi pehli mulaqat mein kuch kam jaega,
Thoda filmy bhi hu main, shayad use dekh waqt tham jaega,

Itne salo baad jab rubaru hua, to dekha,
Waqt k sath pari aur bhi khoobsurat ho gai,
Mantr-mughd kar diya tha usne to,
Mano ajanta ki wo murat ho gai,

Ab wo jazbaat aese jage,
Ki use khone se dar lagne laga,
Uska hath zindagi bhar k liye thamna tha,
Uska kisi aur ka hone se dar lagne laga,

Ab ishq tumhe mujhse ho gaya tha,
Aur main ye jaan chuka tha,
Umar bhar k liye sath dena tha tumhara,
Aur ab to main tumhe apna maan chuka tha,

इतने क़रीब होकर भी इतनी दूर क्यों थी
अंधेरे में वही अकेली नूर क्यों थी
ऐसा लगता है कि कहीं पहली मुलाक़ात में कुछ कम जाएगा
थोड़ा फिल्मी भी हूं मैं शायद उसे देख वक्त थम जाएगा

इतने सालों बाद जब रूबरू हुआ
तो देखा वक्त के साथ परी और भी खूबसूरत हो गई
मंत्रमुग्ध कर दिया था उसने तो
मानो अजंता की वो मूरत हो गई

अब जज़्बात ऐसे जागे
कि उसे खोने से डर लगने लगा
उसका हाथ ज़िन्दगी भर के लिए थामना था
उसका किसी और का होने से डर लगने लगा

अब इश्क़ तुम्हें मुझसे हो गया था
और मैं ये जान चुका था
उम्र भर के लिए साथ देना था तुम्हारा
और अब तो मैं तुम्हें अपना मान चुका था

Bohat se khwaab dekhe jisme bas tum aur main,
Asliyat se door kahi gum, bas tum aur main,
Par jab chala khwaab se asliyat ki taraf,
To kyu khwaab ki dehleez par ruk gai tum,
Aur asliyat mein akela pohach paya main...

-x-x-x-

बहुत से ख़्वाब देखे जिसमें बस तुम और मैं
असलियत से दूर कहीं गुम बस तुम और मैं
पर जब चला ख़्वाब से असलियत की तरफ
तो क्यों ख़्वाब की दहलीज पर रुक गई तुम
और असलियत में अकेला पहुंच पाया मैं

-x-x-x-

8. Hoor Ki Pari

Main, hoor ki pari,
2012 mein, mili thi ek pagal se,
Jise mera jhalli roop bhi pasand tha,
Pyaar tha use mere aankhon k kajal se,

Pyaar mein pagal dauda chala aata tha,
Main use jab bhi bulati thi,
Bolta tha, mujhe dekh likhne laga hai,
Tabhi se main use kavi bulati thi,

Saal badla, main college aai,
Purane logo se nata toot gaya,
Is baar koi mujhe pasand aaya,
Uski wajah se kavi peeche chhot gaya,

८. हूर की परी

मैं हूर की परी
दो हज़ार बारह में मिली थी एक पागल से
जिसे मेरा झल्ली रूप भी पसंद था
प्यार था उसे मेरी आंखों के काजल से

प्यार में पागल दौड़ा चला आता था
मैं उसे जब भी बुलाती थी
बोलता था मुझे देख लिखने लगा है
तभी से मैं उसे कवि बुलाती थी

साल बदला मैं कॉलेज आई
पुराने लोगों से नाता टूट गया
इस बार कोई मुझे पसंद आया
उसकी वजह से पीछे कवि छूट गया

Par ye kavi sa na tha, meri utni tareef nahi karta,
Jitna wo mujh par marta tha, utna nahi marta,
Ye to mere liye gulaab bhi nahi lata tha,
Mujhe pura samjh bhi nahi pata tha,

Haath uthaya isne mujh par ek baar,
Aur phir din-ba-din berehm hota gaya,
Pyaar se vishwaas uth gaya tha ab,
Aur saccha pyaar bas ek vehem hota gaya,

Ek din is bandhan se azaad hui,
To yaad aaya peeche chhuta wo dost, jo kavi tha,
Kuch ata pata nahi tha uska, ki konse college,
Ya konse shehar mein wo abhi tha,

Wo mil gaya, phir baatein hui,
Baaton baaton mein raatein hui,
Ishq chalak utha uski aankhon se,
Jab humari phir mulaqatein hui,

पर ये कवि सा ना था, मेरी इतनी तारीफ नहीं करता
जितना वो मुझ पर मरता था, उतना नहीं मरता
ये तो मेरे लिए गुलाब भी ना लाता था
मुझे पूरा समझ भी नहीं पाता था

हाथ उठाया उसने मुझ पर एक बार
और फिर दिन-ब-दिन बेरहम होता गया
प्यार से विश्वास उठ गया था अब
और सच्चा प्यार बस एक वहम होता गया

एक दिन इस बंधन से आज़ाद हुई
तो याद आया पीछे छूटा वो दोस्त जो कवि था
कुछ अता पता नहीं था उसका, कि कौन से कॉलेज
या कौन से शहर में वो अभी था

वो मिल गया फिर बातें हुई
बातों-बातों में राते हुई
इश्क़ छलक उठा उसकी आंखों से
जब हमारी फिर मुलाकातें हुई

Par ek minute, ye sach nahi,
Ye manghadhant kahani chal rahi hai,
Ye sab kavi k mann mein hai,
Use meri kami khal rahi hai,

Kyuki main jis kadve rishte mein thi,
Usme hi mera dum ghut gaya,
Aur main ye duniya se bohat dur chali gai,
Peeche mera sab chhot gaya,

Wo pagal kavi, aaj bhi mujhse
milne ki baatein likh raha hai,
Jo wo kabhi jee na paya,
Wo raatein likh raha hai,

Duniya ko ' Hoor Ki Pari ' ki dastaan suna raha hai,
Main pyar se use ' Genuine Enchanting Naïve ' kavi bulati thi,
Aaj saalon baad wo mere naam ki kitaab par,
Apna naam GEN x Kavi likh raha hai...

-x-x-x-

पर एक मिनट ये सच नहीं
ये मनगढ़ंत कहानी चल रही है
ये सब कवि के मन में है
उसे मेरी कमी खल रही है

क्योंकि मैं जिस कड़वे रिश्ते में थी
उसमें ही मेरा दम घुट गया
और मैं ये दुनिया से बहुत दूर चली गई
पीछे मेरा सब छूट गया

वो पागल कवि आज भी मुझसे
मिलने की बातें लिख रहा है
जो कभी जी ना पाया
वो रातें लिख रहा है

दुनिया को ‘ हूर की परी ’ की दास्तां सुना रहा है
मैं प्यार से उसे ‘ Genuine Enchanting Naïve’ कवि बुलाती थी
आज सालों बाद वो मेरे नाम की किताब पर
अपना नाम GEN x कवि लिख रहा है

-x-x-x-

9. GenXKavi

Ha, college k baad,
Wo mujhse milne nahi aai kabhi,
Ek roz bas sapne mein keh gai,
Humari dastaan puri karna kavi,

Uski khabar sun, mann aesa bhari hua,
Jaise barsaat ka badal ho gaya,
Puri raat barsa main kamre k ek kone mein,
Kuch ne kaha kavi pagal ho gaya,

Sapno mein puchta tha usse,
Ye akelapan wapas aa kar bharogi na ?
Tum door to chali gai ho,
Par waha mujhe yaad to karogi na ?

१. *GEN X* कवि

हां कॉलेज के बाद
वो मुझसे मिलने नहीं आई कभी
एक रोज़ बस सपने में कह गई
हमारी दास्तां पूरी करना कभी

उसकी ख़बर सुन मन ऐसा भारी हुआ
जैसे बरसात का बादल हो गया
पूरी रात बरसा मैं एक कमरे के कोने में
कुछ ने कहा कवि पागल हो गया

सपनों में पूछता था उससे
अकेलापन वापस आकर भरोगी ना
तुम दूर तो चली गई हो
पर वहां मुझे याद तो करोगी ना

Phir wo nahi kalam hi tha,
Sath ka bharam hi tha,
Sari baatein main ne likh di,
Ab main be-sharam hi tha,

Kabhi haal likha, kabhi sawal likha,
Ashant mann ka kala khayal likha,
'Yaar' likha, pehla pyaar likha,
'Pehli mulaqaat', aur ishq ka izhaar likha,

Jab mann shant na hua,
To 'Hoor ki Pari' likhi aur dedi zamane ko,
Jungle ki aag si pheli wo,
Logo ne kaha puri kahani sunane ko,

फिर वो नहीं कलम ही था
साथ का भ्रम ही था
सारी बातें मैंने लिख दी
अब मैं बेशर्म ही था

कभी हाल लिखा कभी सवाल लिखा
अशांत मन का काला ख़्याल लिखा
'यार' लिखा पहला प्यार लिखा
'पहली मुलाक़ात' और इश्क़ का इज़हार लिखा

जब मन शांत ना हुआ
तो 'हूर की परी' लिख दी और देदी ज़माने को
जंगल की आग सी फैली वो
लोगों ने कहा पूरी कहानी सुनाने को

Saalon baad ek kitaab aai,
Jis par bade bade aksharon mein naam uska tha,
Zamana tareefein meri kar raha tha,
Par mujhe kavi banana to kaam uska tha,

Naye zamane ka kavi - GEN X Kavi,
Zamane ko to main yehi batata hoon,
Par sirf wo aur main hi jaante hai,
Is naam mein, humari yaadein chupata hoon,

Wo har roz mujhse baatein karti hai,
Jab ki, "Wo ja chuki hai" aesa kehte hai sabhi,
Par wo aaj bhi meri Hoor Ki Pari hai,
Aur main uska (Genuine Enchanting Naïve) x Kavi...

--- GenXKavi ---

सालों बाद एक किताब आई
जिस पर बड़े-बड़े अक्षरों में नाम उसका था
ज़माना तारीफें मेरी कर रहा था
पर मुझे कवि बनाना तो काम उसका था

नए ज़माने का कवि GEN X कवि
ज़माने को तो मैं यही बताता हूं
पर सिर्फ वो और मैं ही जानते हैं
इस नाम में हमारी यादें छुपाता हूं

वो रोज़ मुझसे बातें करती है
जबकि "वो जा चुकी है" ऐसा कहते है सभी
पर वो आज भी मेरी हूर की परी है
और मैं उसका (Genuine Enchanting Naive) x कवि

--- GenXKavi ---

Kavi aur Hoor ki Pari

'Hoor Ki Pari' ek kalpanik kahani hai, jo ek khayal se shuru hui thi, ki koi kisi shaqs ko kis hadd tak chah sakta hai, aur uske naa hone par bhi uska sath mehsoos kar use apni panktiyo mein zinda rakh sakta hai. Aur ye aap sab ko batana chahunga ki ye kahani mein sab se peheli kavita jo likhi gai thi wo thi 'Kavi aur Hoor Ki Pari'. Ye kavita logo ne bahut pasand ki aur unki isi dilchaspi ko dekh is kahani k har padav par ek kavita likhi gyi, jo abhi aap logo ne padhi hai.

Agle kuch panno mein wo kavita hai jisse ye puri kahani shuru hui thi.

कवि और हूर की परी

‘ हूर की परी ’ एक काल्पनिक कहानी है, जो एक ख़्याल से शुरू हुई थी, कि कोई किसी शख्स को किस हद तक चाह सकता है और उसके ना होने पर भी उसका साथ महसूस कर उसे अपनी पंक्तियों में ज़िन्दा रख सकता है और यह आप सब को बताना चाहूंगा कि यह कहानी में सबसे पहली कविता जो लिखी गई थी वह थी ‘ कवि और हूर की परी ’ यह कविता लोगों ने बहुत पसंद की और उनकी इसी दिलचस्पी को देख इस कहानी के हर पड़ाव पर एक कविता लिखी गई जो अभी आप लोगों ने पढ़ी है |

अगले कुछ पन्नों में वह कविता है जिससे यह पूरी कहानी शुरू हुई थी

Ye kissa tab se chala aa raha hai,
Jab main na ache se likh pata tha,
Wo phir bhi mujhe kavi bulati,
Aur main use Hoor ki Pari bulata tha,

Hoor ki Pari,
Meri zindagi mein roshni si bhari,
Khoobsurti mein, us naam par utarti wo khari,
Main phuski bomb, aur wo phuljadi,

Jismani mohabbat ka khayal chhodo,
Main to use chune tak se katrata tha,
Waise to baatein karne mein kam nahi hun main,
Par uske samne chup ho jata tha,

Mano zehen mein apne,
Har ek lamha utara karta tha,
Aur usse dur hota tha jab,
Bas un lamhon se guzara karta tha,

ये किस्सा तब से चला आ रहा है
जब मैं ना अच्छे से लिख पाता था
वो फिर भी मुझे कवि बुलाती
और मैं उसे हूर की परी बुलाता था

हूर की परी
मेरी ज़िन्दगी में रोशनी से भरी
खूबसूरती में उस नाम पर उतरती वो खरी
मैं फुसकी बम और वो फुलझड़ी

जिस्मानी मोहब्बत का ख़्याल छोड़ो
मैं तो उसे छूने तक से कतराता था
वैसे बातें करने में कम नहीं हूं मैं
पर उसके सामने चुप हो जाता था

मानो ज़हन में अपने
हर एक लम्हा उतारा करता था
और उससे दूर होता था जब
बस उन लम्हों से गुज़ारा करता था

Hawaon ne phir apna rukh,
Kuch yun badal liya,
Pari ka rasta alag hua,
Aur uska hath tham koi aur chal diya,

Uske khayal kam ho gaye the,
Par pari wo mere liye ab bhi thi,
Kabhi kabhi soch leta tha uske bare mein,
Uski yaadein meri khushiyon ki wo dabbi thi,

Ek roz, raah main ek anjaan se takraya,
Kuch pal k liye to main khud pehchaan na paya,
Us hoor ki Pari k par nazar nahi aa rahe the,
Na jane kyu tha chehre par gum ka baadal chaya,

Us hoor ki pari ka wo sehma sa chehra,
Mujhe andar hi andar sata raha tha,
Wo pyari muskaan bhi ab chehre par na rahi,
Kisi aur k liye behta wo kajal apni dastaan bata raha tha,

हवाओं ने अपना रुख
कुछ यूं बदल लिया
परी का रास्ता अलग हुआ
उसका हाथ थाम कोई और चल दिया

उसके ख़्याल कम हो गए थे
पर परी वो मेरे लिए अब भी थी
कभी-कभी सोच लेता था उसके बारे में
उसकी यादें मेरी खुशियों की वो डब्बी थी

एक रोज़ राह में एक अनजान से टकराया
कुछ पल के लिए तो मैं खुद पहचान ना पाया
उस हूर की परी के पर नज़र नहीं आ रहे थे
न जाने क्यों था चेहरे पर गम का बादल छाया

उस हूर की परी का वो सहमा सा चेहरा
मुझे अंदर ही अंदर सता रहा था
वो प्यारी सी मुस्कान अब चेहरे पर ना रही
किसी और के लिए बहता वो काजल अपनी दास्तां बता रहा था

Phir baat hui masle sulje,
Jinhe ulje zamana ho chuka tha,
Din raat baat karni thi bas,
Mano masla to bas ek bahana ho chuka tha,

Aur phir wo din aaya, jab hoor ki pari muskurai,
Aur mujhe diya usne janmo tak sath rehne ka vasta,
Phir thaam kar hath usne ek ajnabi ka,
Tay kiya apni puri zindagi ka raasta,

Tumhe kya laga, ki hoor ki pari meri ho gai?
Nahi nahi, thodi si na deri ho gai,
Wo pyaar ka phul khilne mein, use mujhse milne mein,
Samajhne mein samjhane mein, apni baat batane mein,
Roothne manane mein, ek duje mein kho jane mein,
Thodi deri ho gai,

Aur phir Heer-Ranjha, Laila-Majnu se humne kya sikha hai,
Ye do to insaan hi the, insaan aur pari ka mel kaha likha hai,
To hum bhi waise hi reh gaye, jaise us k liye sabhi hai,
Wo aaj bhi hoor ki pari hai,
aur hum aaj bhi uske DOST ek kavi hai...

-x-x-x-

फिर बात हुई मसले सुलझे
जिन्हें उलझे ज़माना हो चुका था
दिन रात बात करनी थी बस
मानो मसला तो बस एक बहाना हो चुका था

और फिर वो दिन आया जब हूर की परी मुस्कुराई
और मुझे दिया उसने जन्मों तक साथ रहने का वास्ता
फिर थाम कर हाथ एक अजनबी का
तय किया अपनी पूरी ज़िन्दगी का रास्ता

तुम्हें क्या लगा हूर की परी मेरी हो गई ?
नहीं-नहीं, थोड़ी सी ना देरी हो गई
वो प्यार का फूल खिलने में उसे मुझसे मिलने में
समझने में समझाने में, अपनी बात बताने में
रूठने मनाने में एक दूजे में खो जाने में
थोड़ी देरी हो गई

और फिर हीर-रांझा, लैला-मजनू से हमने क्या सीखा है
ये दो तो इंसान ही थे, इंसान और परी का मेल कहां लिखा है
तो हम भी वैसे ही रह गए जैसे उसके लिए सभी हैं
वो आज भी हूर की परी है
और हम आज भी उसके दोस्त एक कवि है

-x-x-x-

Kuch Khayal

Kabhi kahaniya, kabhi khayal,
kabhi kisses suna deta hu,
Jo sunne wale mil jaye to
zindagi k hisses suna deta hu

***

Kalam se ladne wala,
maut se kaha darta hai,
Behti syahi mano rakt hai uska,
Wo to har pankti mein marta hai

***

Muskura deta hu virane mein,
kuch aesi apni wo baatein hai,
Dua meri, dard mera,
teri to bas yaadein hai

***

कुछ ख़्याल

कभी कहानियां कभी ख़्याल
कभी किस्से सुना देता हूँ,
जो सुनने वाले मिल जाये तो
ज़िन्दगी के हिस्से सुना देता हूँ

***

कलम से लड़ने वाला,
मौत से कहाँ डरता है
बहती स्याही मानो रक्त है उसका,
वो हर पंक्ति में मरता है

***

मुस्कुरा देता हूँ वीराने में,
कुछ ऐसी अपनी वो बातें है,
दुआ मेरी, दर्द मेरा,
तेरी तो बस यादें है

***

Meri kavitaon ki kitaab se,
wo kuch panne chura kar le gaya,
Log khanjar laye the jaan lene k liye,
wo jaan muskura kar le gaya

***

Laakhon khayalon k beech
tera khayal mehfooz kiya hai,
Teri gair maujudgi mein bhi jana
tujhe mehsoos kiya hai

***

Dil jo ek khali kamra hai
aaj usme tumhari parchai kyu thi ?
Aur kuch nahi puchna, bas itna bata do,
zindagi mein aai kyu thi ?

***

मेरी कविताओं की किताब से,
वो कुछ पन्ने चुरा कर ले गया,
लोग खंजर लाये थे जान लेने के लिए,
वो जान मुस्कुरा कर ले गया

***

लाखों ख़्यालों के बीच
तेरा ख़्याल मेहफ़ूज़ किया है,
तेरी गैर मौजूदगी में भी जाना
तुझे महसूस किया है

***

दिल जो एक खाली कमरा है,
आज उसमे तुम्हारी परछाई क्यों थी ?
और कुछ नहीं पूछना, बस इतना बता दो,
ज़िन्दगी में आई क्यों थी ?

***

Jitni dafa unki gali se guzarte the hum,
bas unke didar k liye ye nigahein ruk jati thi,
Waise to tarasti thi unhe dekhne k liye,
par na jane kyu, unhe dekhte hi jhuk jati thi

***

Agar zindagi ek kitaab hai to,
tumse jis panne par mile, wo sab se khoobsurat panna hai,
Log kehte hai, is kitaab mein tum sab ban sakte ho,
par mujhe sab nahi, sirf tumhara ban na hai

***

Ye gaye hue saal k kuch mahine tumhare sath,
kuch mahine tumse dur reh kar guzare hai,
Humare shehar alag ho gaye to kya hua,
dil se to aaj bhi hum tumhare hai

***

जितनी दफा उनकी गली से गुज़रते थे हम,
बस उनके दीदार के लिए ये निगाहें रुक जाती थी,
वैसे तो तरसती थी उन्हें देखने के लिए,
पर ना जाने क्यों, उन्हें देखते ही झुक जाती थी

***

अगर ज़िन्दगी एक किताब है तो,
तुमसे जिस पन्ने पर मिले, वो सब से खूबसूरत पन्ना है,
लोग कहते है, इस किताब में तुम सब बन सकते हो,
पर मुझे सब नहीं, सिर्फ तुम्हारा बनना है

***

ये गए हुए साल के कुछ महीने तुम्हारे साथ,
कुछ महीने तुमसे दूर रह कर गुज़ारे है,
हमारे शहर अलग हो गए तो क्या हुआ,
दिल से तो आज भी हम तुम्हारे है

***

Hazaron ke beech ab na jane kyu bas use hi chunta hu,
Khwaab ab akele nahi, uske sath hi bunta hun,
Dost kehte hai, badbola hu main bohat,
Par jab wo bolti hai to bas use hi sunta hun

***

Jisme sirf tum aur main ho,
kuch waise khwaab likhna chahta hun,
Tumse ek mulaqaat ne shayar bana diya,
meri ho jao, puri kitaab likhna chahta hun

***

Tum hi to kavitaien ho meri,
aur tumhara mere shabdon par ehsaan kafi hai,
Kabhi kabhi tareefein zamane ki nahi lagti,
panktiya padh tumhari ek muskaan kafi hai

***

हज़ारों के बीच अब न जाने क्यों बस उसे ही चुनता हूँ,
ख़्वाब अब अकेले नहीं उसके साथ ही बुनता हूँ,
दोस्त तो कहते है बड़बोला हूँ मैं बहुत,
पर जब वो बोलती है तो मैं बस उसे ही सुनता हूँ

***

जिसमे सिर्फ तुम और मैं हो,
कुछ वैसे ख़्वाब लिखना चाहता हूँ,
तुमसे एक मुलाक़ात ने शायर बना दिया,
मेरी हो जाओ पूरी किताब लिखना चाहता हूँ

***

तुम ही तो कविताएं हो मेरी,
और तुम्हारा मेरे शब्दों पर एहसान काफी है,
कभी-कभी तारीफ ज़माने की नहीं लगती,
पंक्तियां पढ़ तुम्हारी एक मुस्कान काफी है

***

Mere chehre se muskaan koi le gaya,
agar ho sake to tum apni thodi udhar do,
Thodi aadatein main tumhari bigad dunga,
thoda tum mujhe sudhar do

***

Mujhe dekh muskurane ki khta
kuch aese wo ek baar kar gai
Acha khasa main bewafai likh raha tha,
wo mere sare lafz bekar kar gai

***

Tumse nazre jo mili laga aesa jaise meri sharafat kho gai,
Gustakhi maaf, in nigaho se thodi shararat ho gai,
Aur ye khoobsurati ko niharne se rok na sake khud ko,
Dargaah jana chhot sa gaya, tum se hi rab ki ibadat ho gai

****

मेरे चेहरे से मुस्कान कोई ले गया
अगर हो सके तो तुम अपनी थोड़ी उधार दो
थोड़ी आदतें मैं तुम्हारी बिगाड़ दूंगा
थोड़ा तुम मुझे सुधार दो

***

मुझे देख मुस्कुराने की ख़ता
कुछ ऐसे वो एक बार कर गई,
अच्छा खासा बेवफाई लिख रहा था,
वो मेरे सारे लफ्ज़ बेकार कर गई

***

तुमसे नज़रे जो मिली लगा ऐसा जैसे मेरी शराफ़त खो गई,
गुस्ताखी माफ़, इन निगाहों से थोड़ी शरारत हो गई,
और ये खूबसूरती को निहारने से रोक ना सके खुद को,
दरगाह जाना छूट सा गया, तुम से ही रब की इबादत हो गई

***

Apni kahani apne kalam se amar kar du,
itna bhi bada shayar nahi hu main,
Tere jaane ke baad kahani mein tujhe hi badnaam kar du,
jana itna bhi bura, aur kayar nahi hu main

***

Suno,
Waqt mile to chand se thodi baatein kar lena,
" Shayad tum bhi usse baat karti ho "
Yehi soch kar chand ko sare raaz bata deta hu main

***

Fark nahi padta agar koi tera naam samne likh jaye,
Ya kisi din kahi raah mein tu mujhe dikh jaye,
Band kardi hai teri sari yaadein ek sandook mein,
Khwaish itni si hai bas, wo sandook kahi bik jaye

***

अपनी कहानी अपने कलम से अमर कर दूँ,
इतना भी बड़ा शायर नहीं हूँ मैं,
तेरे जाने के बाद कहानी में तुझे ही बदनाम कर दूँ,
जाना इतना भी बुरा, और कायर नहीं हूँ मैं

***

सुनो,
वक़्त मिले तो चाँद से थोड़ी बातें कर लेना,
"शायद तुम भी उससे बात करती हो"
यही सोच कर चाँद को सारे राज़ बता देता हूँ

***

फर्क नहीं पड़ता अगर कोई तेरा नाम सामने लिख जाये,
या किसी दिन कहीं राह में तू मुझे दिख जाये,
बंद करदी है तेरी सारी यादें एक संदूक में,
ख्वाइश इतनी सी है बस, वो संदूक कही बिक जाये

***

Kisi ko itna bhi na milo ki chhod kar chala jaye,
Itna bhi na satao ki muh mod kar chala jaye,
Main aesa nahi kehta ki mohabbat hi na karo,
Par itna toot kar bhi na chaho ki wo tumhe tod kar chala jaye

***

Jo main khud haseel na kar saka,
tumhe us cheez ka khwaab kaise du ?
Badnami se uske darta main bhi hu,
to tumhare sare sawalo ka jawaab kaise du ?

***

Tanhai chubti hai, akelapan kaat ta hai,
Phir bhi wo kavi kaha apna gum baat ta hai ?
Sannate mein sisakta hai wo bhi aankhein meeche,
Uska chehra bhi kabhi padh k dekho uski hasi k peeche

***

किसी को इतना भी ना मिलो की छोड़ कर चला जाये,
इतना भी ना सताओ की मुँह मोड़ कर चला जाये,
मैं ऐसा नहीं कहता की मोहब्बत ही ना करो,
पर इतना टूट कर भी ना चाहो की वो तुम्हें तोड़ कर चला जाये

***

जो मैं खुद हासिल ना कर सका,
तुम्हे उस चीज़ का ख़्वाब कैसे दूँ ?
बदनामी से उसके डरता मैं भी हूँ,
तो तुम्हारे सवालों का जवाब कैसे दूँ ?

***

तन्हाई चुभती है अकेलापन काटता है,
फिर भी वो कवि कहाँ अपने गम बांटता है ?
सन्नाटे में सिसकता है वो भी आँखें मीचे,
उसका चेहरा भी कभी पढ़ के देखो उसकी हँसी के पीछे

***

Is zamane k log dhyan tab denge,
jab dil k istemaal hone ka bhi bill hoga,
Mumkin nahi hai sab k liye dil ki baat samajh pana,
ye bas wo hi samjhenge jin k paas dil hoga

***

Zindagi ka khel bhi nirala hai,
kabhi kabhi kuch is tarah se nachati hai,
Din sannato mein guzarta hai,
aur raat ki tanhai shor machati hai

***

Kabhi kabhi sochta hu tere bare mein kya likh du?
Teri bewafai likhu ya tere jane ki wajah likh du?
Kalam ki syahi khud-ba-khud sookh si jati hai,
Jab sochta hu, is kahani mein teri raza likh du

***

इस ज़माने के लोग ध्यान तब देंगे,
जब दिल के इस्तेमाल होने का भी बिल होगा,
मुमकिन नहीं सब के लिए दिल की बातें समझ पाना,
ये बस वो ही समझेंगे जिन के पास दिल होगा

***

ज़िन्दगी का खेल भी निराला है,
कभी-कभी कुछ इस तरह से नचाती है,
दिन सन्नाटो में गुज़रता है,
और रात की तन्हाई शोर मचाती है

***

कभी कभी सोचता हु तेरे बारे में क्या लिख दूँ ?
तेरी बेवफाई लिखूँ, या तेरे जाने की वजह लिख दूँ?
कलम की स्याही खुद-ब-खुद सूख सी जाती है,
जब सोचता हूँ अपनी कहानी में तेरी रज़ा लिख दूँ

***

Zindagi ki kitaab mein, jis panne par unse mulaqaat hui thi
wo panna main ne ab mod diya hai,
Koi mile unse to bata dena,
ki unke baare mein likhna chhod diya hai

***

Aare, dil chura kar tum chal di, meri bhi to raza pucho,
Ghanto beth tumhe niharne mein jo hai, wo maza pucho,
Aasan nahi hai yun ek tarfa mohabbat nibhate rehna,
Tumse mil kar bhi na milne ki hai jo saza pucho

***

Kuch kisse bachpan k us ghaav ki tarah hote hai,
jo bhar to pure jaate hai jab jawani aati hai,
Chahe dard na ho ab us ghaav se hume par,
nishaan dekh kar yaad to kahani aati hai

***

ज़िन्दगी की किताब में जिस पन्ने पर उनसे मुलाक़ात हुई थी,
वो पन्ना मैंने अब मोड़ दिया है,
कोई मिले उनसे तो बता देना,
की उनके बारे में लिखना छोड़ दिया है

***

अरे ! दिल चुरा कर चल दी तुम, मेरी भी तो रज़ा पूछो,
घंटो बैठ तुम्हे निहारने में जो है, वो मज़ा पूछो,
आसान तो नहीं है यूँ एक तरफ़ा मोहब्बत निभाते रहना,
तुमसे मिल कर भी ना मिलने की है जो सज़ा पूछो

***

कुछ किस्से बचपन के उस घाव की तरह होते हैं,
जो भर तो पूरे जाते हैं जब जवानी आती है,
चाहे दर्द ना हो अब उस घाव से हमें पर,
निशान देख कर याद तो कहानी आती है

***

Saalo baad mile aur nazre chura rahe the,
Meri bewafai ke kisse sabko suna rahe the,
Jo tha humare beech wo mohabbat thi na?
To izzat karte uski, mujh par haq kyu jata rahe the?

***

Sard si raaton mein kuch lafz jalaye the main ne,
par tum chali gai bol kar ki itne se mera kaam chalta nahi
Jate waqt jo aag tumne lagai uske liye shukriya
warna ye lafz bas sulagte reh jate jungle jalta nahi

***

Kuch to baat thi usme, jo mujhe mujhse mila gai
Pyaar to bas padhta tha main, wo karna sikha gai

Kuch to baat thi usme jo ek dil phek ko pyaar karna sikha gai
Kalam se to bas khelta tha main, wo kavi bana gai

***

सालों बाद मिले और नज़रें चुरा रहे थे,
मेरी बेवफ़ाई के किस्से सबको सुना रहे थे,
जो था हमारे बीच वो मोहब्बत थी ना ?
तो इज़्ज़त करते उसकी, मुझ पर हक़ क्यों जता रहे थे

***

सर्द सी रातों में कुछ लफ्ज़ जलाए थे मैंने,
पर तुम चली गई बोल कर की इतने से मेरा काम चलता नहीं,
जाते वक्त जो आग तुमने लगाई उसके लिए शुक्रिया,
वरना यह लफ्ज़ बस सुलगते रह जाते जंगल जलता नहीं

***

कुछ तो बात थी उसमे, जो मुझे मुझसे मिला गई,
प्यार तो बस पढता था मैं, वो करना सिखा गई,

कुछ तो बात थी उसमे, जो एक दिल फेक को प्यार करना सिखा गई,
कलम से तो बस खेलता था मैं, वो कवि बना गई

***

Hazaar baar koshish kar li magar,
ye kambaqt dil hai ki usko bhulta hi nahi,
Ab jab koi dusra ye dil ka darwaza khat-khatata hai
to keh deta hu "Jang lagi hai shayad, aaj kal ye khulta hi nahi"

***

Bohat saalo se jo kaid tha armaan, aaj wo khul kar bahar aaya hai,
Baat kuch aesi hai ki ab to ye dil bhi sudh budh haar aaya hai
Aur aaj to dil ka haarna banta bhi tha,
Itne waqt baad, shehar mein wapas wo pehela pyaar aaya hai

***

Tum jise chaho wo hasil ho jaye itna bhi aasaan nahi ye,
ishq mein tumhe samaaj aur apno se ladna padta hai
Ishq mein to bas jannat milegi, is khwaab se aaye the na?
par jannat paane k liye bhi to marna padta hai

***

हज़ार बार कोशिश कर ली मगर,
ये कम्बक्त दिल है की उसको भूलता ही नहीं है,
अब जब कोई दूसरा ये दिल का दरवाज़ा खट-खटाता है,
तो कह देता हूँ, "जंग लगी है शायद, आज कल ये खुलता ही नहीं है"

***

बहुत सालों से जो कैद था अरमान, आज वो खुल कर बाहर आया है,
बात कुछ ऐसी है की अब तो ये दिल भी सुध-बुध हार आया है,
और आज तो दिल का हारना बनता भी था,
इतने वक़्त बाद, शहर में वापस वो पहला प्यार आया है

***

तुम जिसे चाहो वो हासिल हो जाये इतना भी आसान नहीं ये,
इश्क़ में तुम्हे समाज और अपनों से लड़ना पड़ता है,
इश्क़ में तो बस जन्नत मिलेगी, इस ख़्वाब से आये थे ना?
पर जन्नत पाने के लिए भी तो मरना पड़ता है

***

Tum jitni koshish kar lo mujhe bhul aage badhne ki,
Mere baare mein apne khayalo se ladne ki,
Mera ek kissa ya kuch panktiya tumhara raasta mod denge,
Agar wo aesa na kar paaye, to kasam kalam ki, hum likhna chhod denge

***

Tumhare liye likhi hui panktiya tum ye keh kar taal deti thi ki,
" kuch naya likho, ye to purana aur bore hai ",
Dekho aaj tumhari awaaz bhi sunai nahi de rahi,
meri panktiyo k chahne walo ka itna shor hai

***

" Main ab main na rahi,
tum kuch is qadr mujh mein samaya ho "
Aesa jhut bolne wale krupya pehele bata de,
ki aap kitne mahino k liye zindagi mein aaye ho?

***

तुम जितनी भी कोशिश कर लो मुझे भूल आगे बढ़ने की,
मेरे बारे में अपने ख़्यालों से लड़ने की,
मेरा एक किस्सा या कुछ पंक्तियाँ तुम्हारा रास्ता मोड़ देंगे,
अगर वो ऐसा ना कर पाए, तो कसम कलम की, हम लिखना छोड़ देंगे

***

तुम्हारे लिए लिखी हुई पंक्तियाँ तुम ये कह कर टाल देती थी कि,
"कुछ नया लिखो, ये तो पुराना और बोर है",
देखो आज तुम्हारी आवाज़ भी सुनाई नहीं दे रही,
मेरी पंक्तियों के चाहने वालों का इतना शोर है

***

"मैं अब मैं ना रही,
तुम कुछ इस क़द्र मुझेमे समाये हो"
ऐसा झूँठ बोलने वाले कृपया पहले बता दे,
कि आप कितने महीनो के लिए ज़िन्दगी में आये हो ?

***

Ek baar phir ye shaam dhalti ja rahi hai,
main ab bhi wahi ruka hu, ab aane ki tumhari baari hai
Ye jhuti shaan aur jhute guroor ki duniya mein,
aaj phir ek baar mohabbat haari hai

***

Labon par tumhara naam jo aata hai,
to na jaane kyu par nikhar jata hun main,
Jab tumse dur rehta hun, tab samet ta hun khud ko,
par tumse milte hi phir bikhar jata hu main

***

Tere khayalo mein kabhi aesa khota hun,
Ki logo ke saath hote hue bhi nahi hota hun,
Muskurata hun main bohat aur khul k hasta bhi hun,
Chehre par lata nahi bas apni kalam se rota hun

***

एक बार फिर ये शाम ढलती जा रही है,
मैं अब भी वही रुका हूँ अब आने की तुम्हारी बारी है,
ये झूँठी शान और झूँठे गुरूर की दुनियां में,
आज फिर एक बार मोहब्बत हारी है

***

लबों पर तुम्हारा नाम जो आता है,
तो ना जाने क्यों, पर निखर जाता हूँ मैं,
जब तुमसे दूर रहता हूँ, तब समेटता हूँ खुद को,
पर तुमसे मिलते ही फिर बिखर जाता हूँ मैं

***

तेरे ख़्यालों में कभी ऐसा खोता हूँ,
की लोगो के साथ होते हुए भी नहीं होता हूँ,
मुस्कुराता हूँ मैं बहुत और खुल के हँसता भी हूँ,
चेहरे पर लाता नहीं बस अपनी कलम से रोता हूँ

***

Kuch is qadr pyaar tha tumhari baaton se,
Mano neend ki dushmani ho gai thi raaton se,
Kya kaha, tumhe bhi mujhse pyaar tha?
Bas karo yaar, aur kitna khelogi mere jazbaaton se

***

Kavitaein to sari puri ho jaengi bas tumhara saath chahiye,
Jo aaj tak kisi se hui na ho, bas kuch waisi hi baat chahiye,
Zindagi ka aant to pata nahi,
par tumhare sath ek khoobsurat aagaz chahiye,
Meri kitaab ke adhure panne bhi bhar jaenge,
bas tumse pyaar bhare kuch alfaaz chahiye

***

कुछ इस क़द्र प्यार था तुम्हारी बातों से,
मानों नींद की दुश्मनी हो गई थी रातों से,
क्या कहा तुम्हें भी मुझसे प्यार था ?
बस करो यार, और कितना खेलोगी मेरे जज़्बातों से

***

कविताएं तो सारी पूरी हो जाएँगी बस तुम्हारा साथ चाहिए,
जो आज तक किसी से हुई ना हो, बस कुछ वैसी ही बात चाहिए,
ज़िन्दगी का अंत तो पता नहीं,
पर तुम्हारे साथ एक खूबसूरत आगाज़ चाहिए,
मेरी किताब के अधूरे पन्ने भी भर जाएंगे,
बस तुमसे प्यार भरे कुछ अलफ़ाज़ चाहिए

***

Kabhi kabhi lagta hai,
Ye pal wahi tham jata to achha hota,
Ha mana in haaton mein kalam nahi hoti,
Par tera saath hota to achha hota

Kabhi kabhi lagta hai,
khwaabon ki seedhi akele na chadhi hoti to achha hota,
Jis raat pheli baar mile the hum,
wo raat hi aage na badhi hoti to achha hota

Kabhi kabhi lagta hai,
tujhe ghar walo se na milaya hota to achha hota,
Maa aaj bhi puchti hai tere baare mein,
maa ko nahi bataya hota to achha hota

Kabhi kabhi lagta hai,
wo raat tune use na chuna hota to achha hota,
Aaj duniya gana sun rahi hai mera,
tune bhi suna hota to achha hota

कभी-कभी लगता है,
ये पल वहीं थम जाता तो अच्छा होता,
हाँ माना इन हाथों में कलम नहीं होती,
पर तेरा साथ होता तो अच्छा होता

कभी-कभी लगता है,
ख्वाबों की सीढी अकेले ना चढी होती तो अच्छा होता,
जिस रात पहली बार मिले थे हम,
वो रात ही आगे ना बढ़ी होती तो अच्छा होता

कभी-कभी लगता है,
तुझे घर वालों से ना मिलाया होता तो अच्छा होता,
माँ आज भी पूछती है तेरे बारे में,
माँ को नहीं बताया होता तो अच्छा होता

कभी-कभी लगता है,
वो रात तूने उसे ना चुना होता तो अच्छा होता,
आज दुनिया गाना सुन रही है मेरा,
तूने भी सुना होता तो अच्छा होता

Gen X Kavi matlab is zamane ka kavi, jo ki main manta hu, hum sab hai. Is liye ye aage k kuch panno me aap apne kisse/kavitaein/khayal likhe aur social media par post kar k mujhe tag kare

GenXKavi

Ek tha raja, ek thi rani,

dono mar gaye khatam kahani...

Nahi,

Ab naya zamana, nai kahani,

Do the raja, ek thi rani

Jhuthi nahi thi wo rani, par baat thi kuch yun ,

Dono ko hi bolti thi 'I love you too',

Bhole the wo raja, kabhi samjh na paye,

Ki matlab hamesha tha uska

'I love you TWO'

* To be continued *